CHINESISCHES HOROSKOP

SCHWEIN

KWOK MAN-HO

arsEdition

Ein Dorling-Kindersley-Buch

Senior Editor Sharon Lucas
Art Editor Camilla Fox
Managing Editor Krystyna Mayer
Managing Art Editor Derek Coombes
DTP Designer Doug Miller
Production Controller Antony Heller

Illustrationen: Danuta Mayer 4, 8, 11, 17, 27, 29, 31, 33, 35; Giuliano Fornari 21; Jane Thomson; Sarah Ponder.

Fotografien: Steve Gorton, Peter Chadwick, Eric Crichton, Michael Crockett, Geoff Dann, Jo Foord, Dave King, Clive Streeter. Unser Dank gilt: The Bristol City Museum & Art Gallery/Oriental Section, The British Museum, Chinese Post Office, The Powell-Cotton-Museum, The Board of Trustees of the Victoria & Albert Museum.

Bildnachweise: Bridgeman Art Gallery/Oriental Museum, Durham University 15; Circa Photo Library 13, 19 u.l.; mit freundlicher Genehmigung von The Board of Trustees of the Victoria & Albert Museum 22 M.r.

Ins Deutsche übertragen von Ana Lupas
Printed and bound in Hong Kong

ISBN 3-7607-1169-3

Inhalt

Die chinesische Astrologie

Seit Jahrtausenden bedienen sich die Chinesen der Astrologie und der Religion, um zwischen Mensch und Natur ein harmonisches Verhältnis herzustellen.

Der Ursprung der zwölf Tierkreiszeichen der chinesischen Astrologie - Ratte, Büffel, Tiger, Hase, Drache, Schlange, Pferd, Ziege, Affe, Hahn, Hund und Schwein - wird wohl für immer ein Rätsel bleiben. Dennoch haben diese Symbole eine tiefe Bedeutung.
Sie stehen nicht nur für allgemeine Tendenzen eines Jahres und gute oder schlechte Zeiten, sondern gelten auch als Spiegelbilder des Universums.

Symbol von Yin und Yang
Weiß steht für die weibliche Kraft des Yin und Schwarz für die männliche des Yang.

Yin und Yang

All unsere Charakterzüge und Stimmungen, unser Gesundheitszustand und unser Schicksal sind Ausdruck übergeordneter Prozesse im Universum. Die Chinesen glauben, daß alle Lebewesen und Dinge im Universum durch die dynamischen kosmischen Kräfte von Yin und Yang im Gleichgewicht gehalten werden. Yin steht für das weibliche Prinzip, für Wasser, Kühle, Mond und Regen. Yang ist das maskuline Prinzip, das Feste, die Wärme, Sonne und Erde. Nach altem Glauben entstanden aus den konzentrierten Kräften von Yin und Yang die vier Jahreszeiten und aus ihrer Aufspaltung die Vielzahl von Geschöpfen auf Erden.

So werden auch die zwölf chinesischen Tierkreiszeichen entweder mit Yin oder mit Yang verbunden. Im Winter steigt der Einfluß von Yin, während sich mit dem herannahenden Frühling wieder die Kräfte des Yang durchsetzen. Auch der Lauf eines Tages wird vom ständigen Wechsel und vom

Zusammenspiel der beiden Pole beherrscht. Aber natürlich sind auch wir ihrem Einfluß unterworfen.

In jedem Menschen wirkt ein individuelles Kräfteverhältnis von Yin und Yang, das unsere Stimmungen, Pläne und Gesundheit bestimmt. Darüber hinaus reagieren wir auf äußere Einflüsse wie Wetter, Umgebung und Mitmenschen.

Die fünf Elemente

Alles, was wir berühren, sehen oder schmecken können, gehört zu einem der fünf Grundelemente – Holz, Feuer, Erde, Gold und Wasser.

Das Element Wasser zum Beispiel wird der Ratte und dem Schwein zugeordnet. Es repräsentiert die Farbe Schwarz, salzige Speisen, den Winter und die Angst. Das Wirken der verschiedenen Elemente beeinflußt unser Schicksal.

Entdecken Sie Ihr Selbst

Die chinesische Astrologie kann Ihnen helfen, ein gesundes Gleichgewicht zwischen Ihrem Yin und Yang herzustellen. Sie zeigt Ihnen, welches Element Ihnen entspricht und welche Farbe, Geschmacksrichtung und welches Temperament und Körperteil Ihrem Zeichen zugeordnet sind. Aufgrund Ihrer Geburtsdaten – Jahr, Tag, Stunde – können Sie in Ihre Zukunft schauen.

Sie können herausfinden, welchen Leuten Sie sympathisch sind und welcher Beruf zu Ihrer Persönlichkeit paßt. Sie können Ihre Gefühlsschwankungen begreifen, ebenso Ihre Reaktionen auf neue Menschen und Umgebungen. Kurz gesagt: Sie erkennen, was Sie einzigartig macht.

Wahrsagestäbchen
Sehr beliebt ist in China auch die alte Wahrsagetechnik mit Stäbchen. Deren Deutung kann man in einem Orakelbuch nachlesen.

Ihr Horoskop

Im Gegensatz zum Kalender der westlichen Welt, der sich am Lauf der Sonne orientiert, richtet sich der chinesische Kalender nach dem Lauf des Mondes.

Zur Berechnung Ihres chinesischen Horoskops überprüfen Sie mit der Tabelle auf Seite 44 und 45 zunächst Ihr Geburtsjahr – vor allem, wenn Ihr Geburtstag in die ersten Monate des Jahres fällt. Das chinesische Jahr beginnt in der Regel erst im Januar oder Februar, und womöglich gehören Sie deshalb zum Vorjahr. Nicht jeder, der 1961 geboren ist, steht auch unter dem Einfluß des Büffels. Vielmehr gehören alle, die vor dem 15. Februar Geburtstag haben, zum Vorjahr, zum Jahr der Ratte.

Der Kreislauf von 60 Jahren

Die Chinesen messen die Zeit in Zyklen von 60 Jahren. Innerhalb dieser Spanne erscheinen fünfmal die zwölf chinesischen Tierkreiszeichen, allerdings jedesmal in leicht abgewandelter Form. Sind Sie beispielsweise im Jahr 1947 geboren, gelten Sie als Schwein im Gebirge; ist Ihr Geburtsjahr 1971, sind Sie ein Schwein im Garten.

Monat, Tag und Stunde

Die zwölf Monate des chinesischen Kalenders lassen sich nicht mit den zwölf Monaten des westlichen Kalenders gleichsetzen, denn sie richten sich nach dem Lauf des Mondes und nicht nach dem der Sonne. In China hat ein Monat gewöhnlich 29 bis 30 Tage, und alle drei Jahre wird ein zusätzlicher Monat hinzugefügt, um mit der westlichen Kalenderrechnung Schritt zu halten. Eine chinesische Stunde entspricht zwei westlichen, und die zwölf chinesischen Stunden werden den zwölf Tierkreiszeichen zugeordnet.

Jahr, Monat und Stunde Ihrer Geburt sind die entscheidenden Faktoren in der chinesischen Astrologie. Sobald Sie sie berechnet haben, können Sie sich Ihr persönliches Horoskop erstellen.

Wasser

Erde | Gold

Holz | Yin

Feuer | Yang

Der chinesische Tierkreis

Um die Mitte, das Symbol von Yin und Yang, sind die chinesischen Schriftzeichen für die zwölf Tiere angeordnet. Der Farbstreifen symbolisiert deren Element, und der Außenring zeigt, ob sie Yin oder Yang angehören.

SCHWEIN

Mythen und Legenden

EINER CHINESISCHEN LEGENDE ZUFOLGE WOLLTE DER JADEKAISER, DER HERRSCHER DES HIMMELS, DIE ZWÖLF INTERESSANTESTEN TIERE DER ERDE SEHEN. DAS SCHWEIN ERHIELT DEN ZWÖLFTEN RANG.

Obwohl der Jadekaiser vom Äußeren des Schweins nicht sonderlich beeindruckt war und es zum letzten Tier im Tierkreis machte, ist es dennoch eine mächtige Figur im chinesischen Glauben und ein Männlichkeitssymbol.

In China sind Schweine gewöhnlich schwarz oder weiß, sehr selten rosa. Da chinesische Muslime kein Schweinefleisch essen, opfern sie es niemals dem chinesischen Gott Xuan-tan, der als Muslim gilt. Junge Frauen essen keine Schweinehaxen, da diese mit Schwangerschaft assoziiert werden.

Schwangere dagegen werden offen ermutigt, dieses Gericht zu essen, da es sowohl für die Mutter als auch für das ungeborene Kind als äußerst nahrhaft gilt.

Schlafendes Schwein

Dieses schlafende rosa Schwein aus Stein ist leicht olivbraun glasiert. Es ist ein Artefakt aus der T'ang-Dynastie (618–907 n. Chr.).

Die Abenteuer von Pigsy

Das berühmteste Schwein der chinesischen Legende ist Pigsy, ein gefräßiger Rüpel und Feigling. Pigsy gehörte zu der merkwürdigen Pilgerschar, die den Mönch Hsuan Chuang auf seiner Reise nach Indien begleitete, um eine buddhistische Schriftsammlung zurückzubringen.

Pigsy galt als wiedergeborener Gott, der in Ungnade gefallen war und deshalb den Körper und das Wesen eines Schweins besaß. Daher pflügte er

Schwein aus der Shang-Dynastie
Dieses Schwein ist die Kopie einer Bronzefigur aus der Shang-Dynastie, in der viele Tiere aus Bronze gegossen wurden.

unter Einsatz seiner Füße und Nase für eine wohlhabende Bauernfamilie den Boden um.

Pigsy besaß einen Riesenappetit, und obwohl die Familie für bäuerliche Verhältnisse recht wohlhabend war, fraß er ihnen fast die Haare vom Kopf.

Das gefräßige Schwein verliebte sich in die Tochter der Familie und bestand darauf, sie zu heiraten. Als ihre Familie nicht einwilligte, schloß er die Tochter in einen alten Teil des Hauses ein und ließ niemanden zu ihr.

Da kam der Mönch Hsuan Chuang in Begleitung eines Affen vorbei. Die beiden befreiten das Bauernmädchen, und der Affe und Pigsy fochten einen gewaltigen Kampf aus.

Plötzlich erinnerte sich Pigsy an die Worte von Kuan Yin, der Göttin der Barmherzigkeit. Jahre zuvor hatte sie gesagt, daß sie ihm einen Mönch senden würde, und wenn er diesem diente, würde er im nächsten Leben als Gott wiedergeboren werden. Pigsy folgerte, daß Hsuan Chuang ein Abgesandter von Kuan Yin sein müßte.

Pigsy beendete den Kampf mit dem Affen und begab sich in die Dienste von Hsuan Chuang. Trotz seines sturen Wesens erarbeitete sich Pigsy seine Reise nach Indien, indem er seine immense Kraft einsetzte.

PERSÖNLICHKEIT

DAS SCHWEIN IST EIN RUHIGES UND TOLERANTES GESCHÖPF. OBWOHL ES MIT MENSCHEN AUS VERSCHIEDENEN SCHICHTEN GUT ZURECHTKOMMT, KANN ES FREMDEN GEGENÜBER MANCHMAL ZURÜCKHALTEND SEIN.

Sie haben viele Interessen und sind lernbegierig. Abwechslung reizt Sie weitaus mehr als intensives Studium eines Themas. Sie sind optimistisch und sehen lieber das Beste im Menschen oder die gute Seite einer schwierigen Situation.

Handlungsweise
Sie teilen Ihre Lebensfreude auch mit anderen Menschen. Geld, Wettstreit und Ehrgeiz interessieren Sie zwar nicht, aber Sie wollen Ihre finanziellen Belange dennoch geregelt wissen. Sie haben Glück und immer einen Ausweg offen, wenn Sie in einer schwierigen Lage sind.

Kämpfendes Schwein
Die miteinander kämpfenden Tiere dieser alten chinesischen Bronzestatue sind ein Schwein und ein Tiger.

Seelenleben
Sie sind an den hintergründigen Motivationen der Menschen interessiert und zeigen anderen gegenüber normalerweise viel Toleranz, solange Sie nicht eines Besseren belehrt werden. Aggressionen und Auseinandersetzungen sind Ihnen zuwider. Sie hören lieber anderen Menschen zu und diskutieren mit, wenn Sie sich wohlfühlen. Wenn dies der Fall ist, sind Sie gesprächig und plaudern begeistert über eine Menge Themen. Sie verabscheuen extremes Verhalten und bevorzugen immer Kompromisse. Bei Entscheidungen lassen Sie sich Zeit

Rosa Schwein

Dieses robuste, unglasierte Modell eines rosa Schweins stammt aus der T'ang-Dynastie (618–907 n. Chr.).

und bitten Ihre Freunde um Unterstützung und Rat. Aber wenn Sie eine Aufgabe alleine erfüllen müssen, strengen Sie sich ohne Murren an.

Sie verzeihen leicht und versuchen anderen stets eine zweite Chance zu geben. Sie tun Ihr Bestes, Gefahren zu vermeiden, können aber auch Rückschläge verkraften. Ihr Ruf ist Ihnen wichtig, und Sie hüten ihn eifersüchtig. An Ihre Grenzen getrieben reagieren Sie heftig.

Wenn Sie einmal Freundschaft geschlossen haben, sind Sie Ihren Freunden treu ergeben – immer bereit, ihre Fehler zu übersehen und ihnen verständnisvoll in schweren Zeiten beizustehen. In Beziehungen sind Sie loyal, optimistisch und ein fürsorglicher Elternteil.

Haben Sie erst einmal Ihr Plätzchen gefunden, sind Sie im Leben glücklich und zufrieden.

Das Schwein als Kind

Das junge Schwein ist vernünftig und friedlich, könnte seine Talente aber mit Tagträumen verschwenden. Es braucht eine lenkende Hand und Freiraum für eigene Gedanken.

SCHWEIN

LIEBE

DAS SCHWEIN IST ZÄRTLICH, EINFALLSREICH UND VON DER LIEBE FASZINIERT. ES IST MIT UNSCHULD UND LEBENDIGKEIT GESEGNET, WAS IHM ERMÖGLICHT, SEIN LIEBESLEBEN ERSCHÖPFEND AUSZULEBEN.

Sie sind sehr enthusiastisch, wollen alles sofort und scheren sich nicht um die Meinungen anderer. Aber da Sie sehr kritisch sind, könnten Sie lange brauchen, um einen Partner fürs Leben zu finden. Ihren inneren Frieden finden Sie erst, wenn Sie ihm begegnet sind. Sie erwarten von ihm Ehrlichkeit und werden es ihm übelnehmen, wenn er Ihre Liebe und Hingabe nicht erwidert. Selbst in einer festen Partnerschaft bewahren Sie sich nach außen gerne Ihre Unabhängigkeit. Aber im Prinzip sind Sie ihr mit Haut und Haaren verschrieben.

Sie passen am besten zum Hasen und zur Ziege. Sie besitzen die Ehrlichkeit und Gelassenheit des Hasen, der Sie aber zu ausgefallen finden könnte. Sie lieben Schönheit wie die Ziege, die sich aber über Ihre Direktheit ärgert. Sie teilen die Lebensfreude und Ehrlichkeit des Pferdes, das Ihre Unabhängigkeit akzeptiert. Die Ratte genießt Ihre Aufmerksamkeit und teilt Ihren Sinn für Luxus, könnte aber durch Ihre offensichtliche Naivität frustriert werden. Der Büffel wird Ihre Offenheit schätzen, weniger dage-

Die Göttin der Liebe
Kuan Yin, einst in der chinesischen Mythologie eine männliche buddhistische Gottheit, ist heute als Sun-tsu oder Göttin der Gnade bekannt, die Kindersegen schenkt.

Das Rad der Harmonie

Suchen Sie die Tierkreiszeichen, die vor dem gleichen farblichen Hintergrund abgebildet sind wie Ihres. Das Schwein liegt in einem grünen Feld, paßt also am besten zu Ziege und Hase. Das Symbol in der Mitte steht für das Glück der Zweisamkeit.

gen Ihre Sparsamkeit.

Der Tiger teilt Ihren Humor und Ihr Bedürfnis nach persönlichem Freiraum. Der Drache wird Sie mit seiner Energie, Individualität und Neugier betören; und der freundliche Hund wird von Ihrem Optimismus profitieren.

Die raffinierten Tricks des Affen werden Sie nicht beeindrucken, aber er wird von Ihrem Charme entwaffnet.

Ein anderes Schwein könnte ein guter Freund und Liebhaber sein, aber auch viele Mißverständnisse verursachen.

Vielleicht sind Sie zu offen für die Schlange, aber da sie beide sinnlich sind, passen sie in dieser Hinsicht sicher gut zusammen.

Die Tendenz des Hahns zu Kritik und Prahlerei können Sie ignorieren. Sie bringen ihm Verständnis und Toleranz entgegen.

Orchidee

Lan Hua, die Orchidee, ist in China die Blume der Liebe und Schönheit. Als Fruchtbarkeitssymbol bedeutet sie reichen Kindersegen.

BERUF

DAS SCHWEIN IST EHRGEIZIG UND ENORM FLEISSIG. ES WILL ZWAR EIN BEQUEMES LEBEN FÜHREN, STELLT ABER SEINEN EHRGEIZ NICHT ÜBER SEINE LEBENSFREUDE.

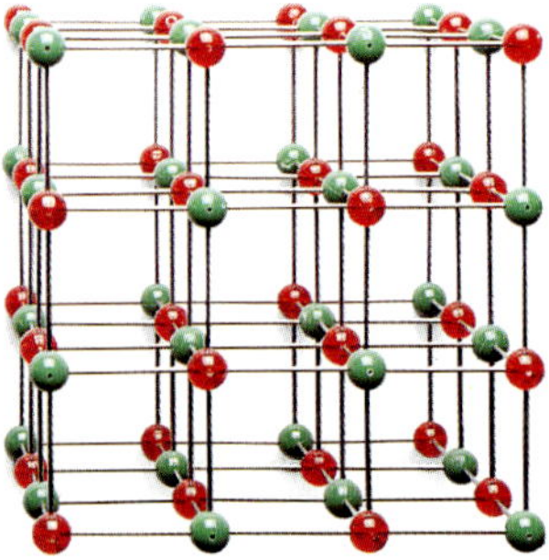

MOLEKULARES SALZMODELL

Wissenschaftler

Wissenschaftliche Forschungsarbeit sagt dem Schwein besonders zu, weil sie mit viel Arbeit verbunden ist und eine Menge Vorzüge mit sich bringt. Das Schwein arbeitet lieber alleine und völlig selbständig. Es tut sein Bestes, um Wettstreit, berufliche Kämpfe und Machtspiele zu vermeiden.

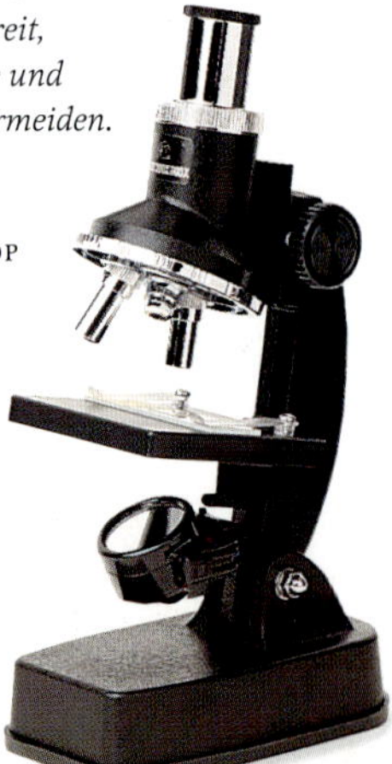

MIKROSKOP

Chemiker

Das Schwein will mit der Qualität seiner Arbeit stets zufrieden sein. Als Chemiker muß das Schwein besonders sorgfältig arbeiten.

KUPFER-CHLORID

KUPFER-KARBONAT

Winkelhaken des Schriftsetzers

Bolzen

Dieser alte chinesische Bolzen ist mit einem Schweinekopf geschmückt. Das ist sehr treffend, da das technisch begabte Schwein mit praktischen Gegenständen assoziiert wird.

Bolzen

Bleilettern

Techniker

Das Schwein ist von Natur aus technisch begabt. Wahrscheinlich wird es etwas dauern, bis es eine passende Beschäftigung findet. Eine Arbeit wie zum Beispiel die des Schriftsetzers kann für das Schwein befriedigend sein.

Musiker

Der unabhängige Beruf des Musikers paßt gut zum Schwein. Dieses Musikinstrument ist eine Laute, genannt Chin Ching, aus der Ch'in-Dynastie (221-206 v.Chr.)

Chinesische Laute

Facharbeiter

Da das Schwein fleißig und talentiert ist, ist es als Facharbeiter gut geeignet. Ein Schuhmacher muß sehr geschickt nähen, leimen, vernieten und nageln können.

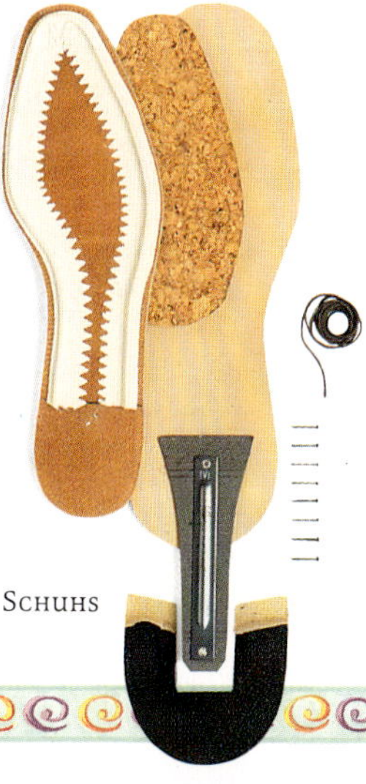

Teile eines Schuhs

GESUNDHEIT

YIN UND YANG SIND IM KÖRPER STÄNDIG IM FLUSS. DIE GESUNDHEIT DES MENSCHEN BERUHT AUF DEM HARMONISCHEN GLEICHGEWICHT ZWISCHEN DEN BEIDEN KRÄFTEN.

Der menschliche Körper wird von zwei Kräften beherrscht, die in uns fließen und die ein natürliches Mindest- und Höchstmaß nicht überschreiten dürfen: der Blutkreislauf, eine Yin-Kraft, und der Fluß der Körperenergie, das Ch'i, das dem Yang zugeordnet ist. Die geringste Verschiebung im Gleichgewicht von Yin und Yang im Körper kann unsere Gesundheit beeinträchtigen.

Yang-Krankheiten lassen sich heilen, indem man Yin zuführt, und Krankheiten des Yin werden durch eine Yang-Therapie behandelt.

In jedem Menschen herrscht ein anderes Verhältnis von Yin und Yang. Meist hat ein temperamentvoller Mensch starke Yang-Kräfte, während ein friedlicher Mensch eher von Yin-Energien beseelt ist.

Bevor ein chinesisches Heilmittel verschrieben wird, muß die Stimmung des Patienten berücksichtigt werden. Denn auch Gefühle wie Freude, Zorn, Trauer, Fröhlichkeit, Sorge, Nachdenklichkeit und Angst sollten ausgewogen bleiben. Ist dies erreicht, spricht man von einer Harmonie der sieben Empfindungen.

Lingchih-Pilz
Auf dieser Schale aus der Ch'ing-Dynastie ist der »unsterbliche« Lingchih-Pilz abgebildet, ein Symbol für langes Leben.

Ginseng
Dieses kräftigende, nichttoxische Kraut wird in China seit über zweitausend Jahren für medizinische Zwecke benutzt.

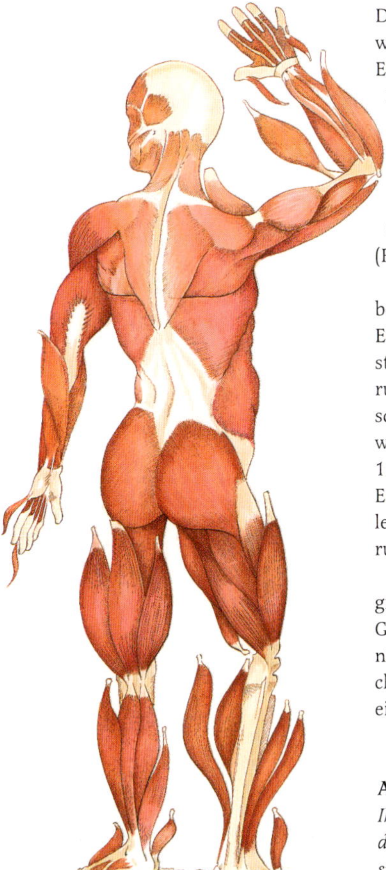

Dem im Jahr des Schweins Geborenen wird das Element Wasser zugeordnet. Es steht mit Nieren, Blase, Ohren und Knochen in Verbindung. Diese Körperpartien haben entscheidenden Einfluß auf Ihre Gesundheit. Außerdem gehören zum Schwein das Gefühl von Angst, salzige Speisen sowie als Heilkraut Ginseng (Panax schinseng).

Ginseng wird für wärmend und belebend gehalten, da seine Yang-Eigenschaften die Abwehrkräfte stärken. Gewöhnlich wird es als Beruhigungsmittel oder als Tonikum verschrieben. Amerikanisches Ginseng wirkt kühlend und wurde in China im 18. Jahrhundert eingeführt. Seine Yin-Eigenschaften werden zum Durststillen, Fiebersenken und zur Reizlinderung angewandt.

Die chinesische Medizin verlangt großes Können, deshalb sollten Sie Ginseng oder andere Heilpflanzen niemals ohne Anweisung eines chinesischen oder westlichen Arztes einnehmen.

Astrologie und Anatomie

Ihr Element Wasser wird besonders mit der Harnröhre assoziiert. Die Nieren sind Yin-Organe, und die Blase ist ein Yang-Organ.

SCHWEIN
HOBBYS

DAS SCHWEIN BEGIBT SICH GERNE SPONTAN AUF ABENTEUERSUCHE. ANDERERSEITS GENIESST ES DIE ANNEHMLICHKEITEN DES LEBENS UND WIRD IMMER LUXUS STATT EINFACHHEIT BEVORZUGEN.

Geselligkeit

Essen und Trinken in Gesellschaft ist eine der Lieblingsbeschäftigungen des Schweins. Diese Schweinskopfterrine aus Porzellan ist ein chinesischer Exportartikel aus dem 18. Jahrhundert.

CHINESISCHE SCHWEINSKOPFTERRINE

ARTISCHOCKE

KÜCHENMESSER

Kochen

Das Schwein ist ein Genußmensch, der gerne kocht und die Annehmlichkeiten des eigenen Heims genießt.

FÜLLER UND TINTE

SILBERTROPHÄE

Schreiben

Die Lektüre und das Verfassen von Gedichten und Romanen ist sowohl ein angenehmer als auch lohnender Zeitvertreib für das Schwein. Es kann sogar Literaturpreise gewinnen.

Klettern

In entlegener Natur, am Meer und im Gebirge sucht das Schwein Entspannung. Bergsteigen und Klettern findet es reizvoll, aber auch sehr anstrengend.

KLETTERAUSRÜSTUNG

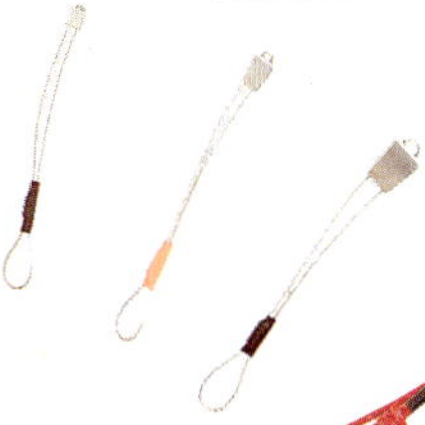

KLETTERSCHUTZVORRICHTUNGEN

Abenteuer

Nur mit dem Nötigsten ausgerüstet, geht das Schwein jederzeit gerne auf Abenteuersuche. Dieser Abseilachter wird benutzt, um die Geschwindigkeit beim Abseilen zu kontrollieren.

ABSEILACHTER

SCHWEIN
SYMBOLE

JEDEM TIERKREISZEICHEN WIRD EINE BESTIMMTE SPEISE, HIMMELSRICHTUNG, FARBE, EMOTION, ASSOZIATION UND EIN EIGENES SYMBOL ZUGEORDNET. DAS SCHWEIN WIRD AUCH MIT DEM WINTER ASSOZIIERT.

Farbe
In China ist Schwarz die Farbe der Ehre und auch die Farbe des Schweins. Dieses schwarze Schwein aus Stein stammt aus dem alten China.

CHINESISCHES STEINGUT-SCHWEIN

Speise
Die chinesische Astrologie kennt fünf Geschmacksrichtungen – salzig, scharf, bitter, sauer und süß. Salziges Essen wird mit dem Schwein assoziiert.

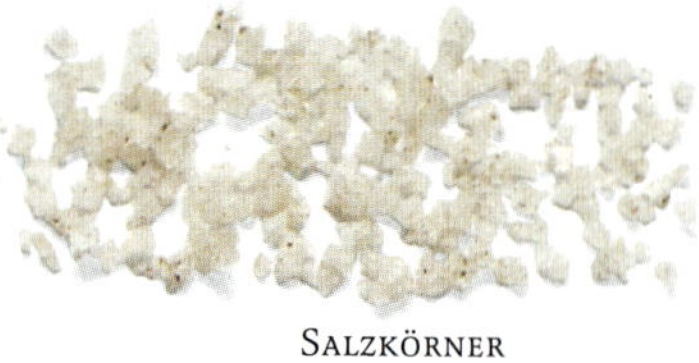

SALZKÖRNER

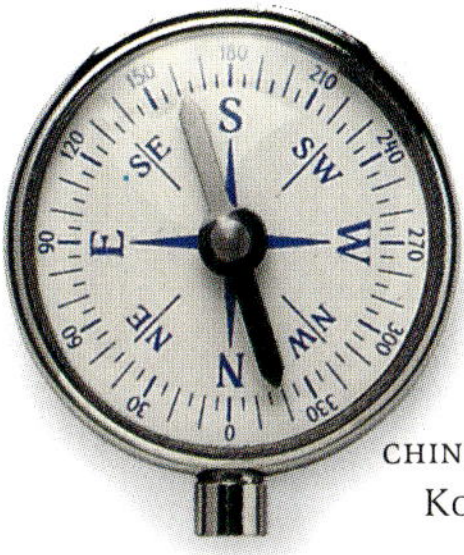

CHINESISCHER KOMPASS

WAAGE

Himmelsrichtung

Anders als der westliche Kompaß, der nach Norden weist, zeigt der chinesische nach Süden. Als Himmelsrichtung des Schweins gilt der Norden.

Symbol

Das Symbol des Schweins in der chinesischen Astrologie ist die Waage.

WERKZEUG

ÄNGSTLICHES BABY

Assoziation

Mit dem Schwein werden Werkzeuge wie Hammer, Spitzhacke und Wasserwaage assoziiert.

Emotion

Das Schwein wird mit Angst in Verbindung gebracht.

Das Schwein, das vorbeigeht

1935 und 1995

Sie sind eine klassische Schweine-Persönlichkeit – trotz Ihrer schweren Jugend werden Sie im Alter mit Sicherheit glücklichere Tage geniessen.

Sie werden mit einer aufblühenden Knospe assoziiert, die den Daseinskampf und das Wachstum symbolisiert.

Jugend

Ihre Jugend wird wahrscheinlich schwierig sein. Die meisten Schweine werden mißverstanden, oft sogar verspottet und können dies nur schwer ertragen. Aber dennoch resignieren Sie nicht und dürsten auch nicht nach Rache. Statt dessen vergraben Sie den Schmerz und blicken in die Zukunft.

Freundschaft

Sie können schwer mit Altersgenossen Freundschaft schließen, weil Sie sich instinktiv zu Älteren hingezogen fühlen. Sie schätzen deren Weisheit, und diese erkennen Ihre wahre Persönlichkeit. Wahrscheinlich werden ältere Menschen Ihre besten Freunde, die Sie mit vielen wertvollen Ratschlägen versehen, aber Ihnen auch den nötigen Freiraum lassen.

Menschen Ihrer Altersstufe könnten Sie für distanziert halten, da Sie sehr arrogant wirken. Lassen Sie andere öfter zu Wort kommen, selbst wenn Ihnen das Gesagte dumm vorkommt. Halten Sie sich mit Ihrem gutgemeinten, aber nicht immer passenden Rat zurück.

Partnerschaft

Sie haben ein ausgewogenes Gefühlsleben. Wahrscheinlich wird Ihr Partner Sie schätzen, und Ihre Beziehung wird sehr glücklich verlaufen.

Familie

Sie führen ein ausgeglichenes Familienleben. Aber erwarten Sie von Ihren

Schwein, das vorbeigeht

Kindern nicht die gleiche Selbstbeherrschung, und versuchen Sie nicht, sie zu bevormunden. Lassen Sie sie ihre eigenen Fehler machen.

Aussichten

Besonders in Ihrer Jugend erscheint manches hart, aber Sie müssen einfach lernen, mit Schwierigkeiten im Leben zurechtzukommen. Verzweifeln Sie nicht, da alles sich sofort von alleine lösen wird, wenn andere Menschen Ihren eigentlichen Wert erkennen.

In späteren Jahren wird sich Ihre angeborene Intelligenz und Begabung vermutlich noch mehr entfalten. Das verschafft Ihnen eine Menge Respekt und Bewunderung.

Das Schwein im Gebirge

1947 und 2007

Dieses Schwein besitzt eine Menge Talent und Selbstsicherheit. Unglücklicherweise ist es auch jähzornig, was es zu törichten und unüberlegten Entscheidungen verleiten könnte.

Sie werden mit einem Bienenstachel assoziiert, das heißt, daß Sie manchmal zu schnell und »stechend« in Ihrer Wortwahl sein können. Versuchen Sie taktlose Bemerkungen zu vermeiden, bevor Ihre unbedachten Äußerungen eine wertvolle Freundschaft zerstören.

Persönlichkeit

Sie sind vermutlich äußerst klug und talentiert. Da Sie von Natur aus nicht besonders anmutig sind, haben Sie statt dessen dieses persönliche Defizit durch Witz und Intellekt ausgeglichen. Wenn Sie Ihre Fähigkeiten mit Bedacht nutzen, werden Sie es im Leben weit bringen.

Es ist unwahrscheinlich, daß viele Menschen genauso schnell, klug und scharfsinnig sind. Deshalb müssen Sie Ihren Intellekt geschickt einsetzen. Bemühen Sie sich um Toleranz, und seien Sie bereit, von anderen Menschen zu lernen und an sich zu arbeiten. Sie können nur gewinnen. Haben Sie erst einmal Ihre Scharfzüngigkeit und Schlagfertigkeit im Zaum, werden Sie feststellen, daß andere Sie viel lieber um sich haben, und dementsprechend wird Ihr Leben sich vereinfachen.

Manchmal können Sie sehr verletzbar sein. Sie ertragen es schlecht, die Zielscheibe eines anderen zu sein, so daß Sie deshalb in einer Auseinandersetzung oder Debatte den ersten Schlag führen möchten.

Tun Sie Ihr Bestes, diese Schwäche zu kontrollieren. Ihre Verletzbarkeit und Sensibilität kann oft eine Stärke sein, aber auch zu übereilten Aktionen führen, die Sie später bereuen könnten.

Schwein im Gebirge

Nehmen Sie sich genügend Zeit, die richtigen Entscheidungen ohne äußeren Druck zu treffen. Denken Sie immer an die Assoziation mit dem Bienenstachel: Sobald die Biene sticht, stirbt sie.

Karriere

Das Schwein im Gebirge könnte viel länger leben, wenn es seine Nervosität in den Griff bekäme. Vielleicht verschwenden Sie wertvolle Energiequellen, indem Sie zu verbissen nach Erfolg trachten. Achten Sie deshalb sorgsam auf Ihren Streßpegel, und tun Sie Ihr möglichstes, ruhig und entspannt zu bleiben.

Familie

Sie werden vermutlich schöne, aber auch stürmische Zeiten mit Ihrem Partner verbringen.

Seien Sie in der Erziehung Ihrer Kinder weniger streng. Da Sie unglücklicherweise dazu neigen, zu viel von ihnen zu verlangen, könnten Sie auf Widerstand stoßen. Lassen Sie ihnen mehr Freiheit – auch wenn es Ihnen gegen den Strich geht.

Das Schwein im Kloster

1959 und 2019

Die grösste Bedrohung für jedes Schwein ist es, gegessen zu werden. Aber da chinesische Mönche Vegetarier sind, wird dies dem Schwein im Kloster vermutlich nie bevorstehen.

Sie sind ein äußerst verwöhntes Schwein. Sie werden mit den Anfangs- und Schlußfäden assoziiert, die den Stoff zusammenhalten. Das bedeutet, Sie haben einen sicheren und bequemen Platz im Leben gefunden.

Persönlichkeit

Sie sind wie die meisten Schweine extrem schlau und aufgeweckt. Aber im Gegensatz zu anderen Schweinen fürchten Sie sich nicht übermäßig vor Angriffen oder dem Hohn anderer. Durch dieses angeborene Selbstvertrauen und Selbstwertgefühl werden Sie ein ruhiges Leben führen.

Sie haben Glück und scheinen immer zur richtigen Zeit am richtigen Ort zu sein. Deshalb werden Sie vermutlich niemals Geldsorgen haben, sondern schön und angenehm leben können.

Karriere

Sie sind der klassische Aufsteiger. Wahrscheinlich haben Sie Ihr Vermögen unter äußerst schweren Umständen erworben und dabei auf Ihre berühmte Schweine-Intelligenz vertraut.

Sie haben eine tiefe Abneigung gegen jeden, der mit Betrug oder Verschlagenheit etwas erreichen will. Sie gehen diesen Menschen instinktiv aus dem Weg.

Aber manchmal werden auch Sie mit Durchtriebenheit konfrontiert. Handeln Sie in solchen Situationen mit Bedacht, und weichen Sie ihnen nicht aus.

Freundschaft

Es ist ein Schweine-Merkmal, nur wenige enge Freunde zu brauchen. Diesen sorgfältig ausgesuchten Menschen vertrauen Sie Ihre tiefsten Gedanken und

Schwein im Kloster

Gefühle an. Fremden gegenüber verhalten Sie sich eher reserviert. Deshalb werden Sie oft für kühl und unnahbar gehalten, was Sie aber nicht im geringsten kümmert.

Partnerschaft

Wenn Sie einmal dem Richtigen begegnen, werden Sie vermutlich sofort wissen, daß Sie mit diesem Menschen den Rest Ihres Lebens verbringen werden. Vertrauen Sie Ihrer Intuition und Ihre Partnerschaft wird glücklich und äußerst ausgeglichen sein.

Aussichten

Solange Sie sich selber treu bleiben, können Sie ein sehr glückliches und zufriedenes Leben führen. Da Sie vielen Alltagssorgen aus dem Weg gehen, fühlen Sie sich frei. Denken Sie daran, daß Sie vom Glück bevorzugt werden.

Werden Sie nicht gefühllos Menschen gegenüber, die es schwerer im Leben haben. Nur weil Sie selber keine Ängste und Sorgen kennen, bedeutet das nicht, daß andere auch keine Probleme haben.

Das Schwein im Garten

1911 und 1971

Dieses Schwein ist kompliziert. Seine angeborene Intelligenz paart sich mit einer gewissen Dreistigkeit und Sturheit, was unnötigen Ärger verursacht.

Sie werden mit der Bestrafung für ein Vergehen assoziiert. Das gilt als Warnung, die Grenzen nicht zu überschreiten.

Auch wenn Sie sich auf Ihre Intelligenz berufen, können Sie nicht immer tun, was Sie wollen. Wenn andere Ihre Ansichten nicht teilen, kann Ihre angeborene Klugheit kaum behilflich sein. Um Kränkungen zu vermeiden, sollten Sie Ihren scharfen Verstand ein wenig zügeln.

Persönlichkeit

Ihre große Selbstbeherrschung ist eine gute Eigenschaft, solange Sie nicht übermäßig eingebildet oder menschenverachtend werden. Manchmal versuchen Sie Situationen aus dem Weg zu gehen, die für Sie unzweckmäßig sind. Obwohl dies oft eine vernünftige Vorgehensweise ist, kann sie auch egoistisch erscheinen. Lernen Sie Ihre Persönlichkeit auszugleichen, und machen Sie aus Ihrer Selbstbeherrschung keine Manie.

Jugend

Unglücklicherweise werden Ihre frühen Schul- und Arbeitsjahre wenig erfreulich und einsam sein, weil Sie nicht besonders gesellig und andere Menschen Ihnen gegenüber mißtrauisch und mißgünstig sind. Dies führt dazu, daß Sie noch einsamer und introvertierter werden.

Freundschaft

Anfangs können Sie schwer Freundschaft schließen, was Ihnen im Leben unweigerlich Probleme bereiten wird. Aber verzweifeln Sie nicht, da Sie später einige sehr gute, hilfreiche Freunde finden werden.

Schwein im Garten

Karriere

Vermutlich werden reifere Menschen Ihre Selbstbeherrschung und Ihr Selbstvertrauen als gute Eigenschaften akzeptieren und sogar schätzen lernen. Ihr Leben wird somit einfacher werden, und der Erfolg wird Ihnen ein kleines Vermögen und eine gesicherte Existenz bescheren.

Aussichten

Obwohl Sie am Anfang des Lebens schwierige Zeiten durchmachen werden, können Sie dennoch ein höchst ehrenvolles Amt bekleiden oder Ruhm erlangen. Bedenken Sie aber, daß Ruhm einsam machen und ein ruhiges Leben oft glücklicher sein kann.

Das Schwein im Wald

1923 und 1983

Dieses klassische Schwein verfolgt hartnäckig und nur sich selbst vertrauend seine Ziele. Es schert sich nicht um die Konsequenzen seiner Taten.

Sie sind ungeheuer selbstbewußt und tun, was Sie wollen. Sie werden wahrscheinlich eine Vielzahl fester Bindungen mit anderen Menschen eingehen, und es bedarf schon eines schweren Vertrauensbruchs, um Ihre Meinung über diese Menschen zu ändern.

Persönlichkeit

Sie ziehen es vor, Ihr Leben nach den eigenen Vorstellungen einzurichten. Ihre Absichten und Ihre Entschlossenheit werden selten in Frage gestellt. Wenn Sie sich einer Idee oder Tat verschrieben haben, wird Sie nichts davon abhalten können.

Karriere

Sie werden vermutlich Schwierigkeiten haben, sich irgendeiner Ordnung oder Struktur anzupassen, weil Sie gewöhnlich klüger und intelligenter als die Verantwortlichen sind und deren Anweisungen ablehnen. Sie sind deshalb am ehesten für eine freiberufliche Tätigkeit geeignet.

Sie werden immer genug Geld und niemals finanzielle Sorgen haben. Sie können Ihren Reichtum, der Ihnen nicht genommen werden wird, ungefährdet genießen.

Freundschaft

Obwohl Ihre angeborene Zielstrebigkeit und Ihr Eigensinn zu bewundern sind, können Sie damit leider nicht immer Freunde gewinnen.

Zum Glück sind Sie sehr großzügig. Wenn jemand wirklich in Not ist, helfen Sie spontan und stehen auch Ihren Freunden oder Kollegen in schweren Zeiten zur Seite. Zweifellos wird man diese Uneigennützigkeit sehr schätzen.

Schwein im Wald

Familie

Unglücklicherweise können Sie andere Menschen, und besonders Ihre Familie, auf die Palme bringen. Ihre schwer geprüften Verwandten werden Sie sogar für stur halten. Obwohl dies ein unberechtigter Vorwurf sein kann, sollten Sie versuchen, mehr Verständnis für Ihre Familie aufzubringen.

Partnerschaft

Mit einem gleichgestellten Partner, der gleichzeitig Ihr Freund ist, kommen Sie am besten aus. Bedenken Sie, daß Sie nur jemanden mit einer ebenso starken Persönlichkeit, wie Sie es sind, lieben und respektieren können. Zu Ihnen würde niemand passen, der Sie fürchtet oder leidenschaftliche Auseinandersetzungen oder Konfrontationen nicht mag.

Gelegentlich können Sie äußerst heftig mit Ihrem Partner streiten, aber darüber brauchen Sie sich keine Sorgen machen. Solange Sie in Ihrer Partnerwahl umsichtig sind und sich nicht überlegen fühlen, werden Sie glücklich werden.

Ihr chinesischer Geburtsmonat

Sehen Sie in der Tabelle Ihres Geburtsjahres nach, in welchen Monat Ihr Geburtstag fällt. Wenn Sie zum Beispiel am 30. August 1959 geboren wurden, ist es der 7. chinesische Monat.

1 Sie ergründen zwar alles beharrlich, können aber ziemlich langsam sein. In der Liebe sind Sie erfolgreich.

2 Sie sind ein guter Freund. Resignieren Sie nicht in schwierigen Situationen, da Sie am Ende triumphieren.

3 Sie haben viele brillante Ideen, hören aber nicht auf andere. Versuchen Sie Rat und Hilfe anzunehmen.

4 Sie sind dankbar und klug. Wenn Sie Ihre Schüchternheit überwinden, sind Sie ein guter Kamerad.

5 Sie sind nervös und tragen nicht gerne die volle Verantwortung, sondern bevorzugen eine Nebenrolle.

6 Sie sind ruhig und scheinbar ohne Selbstvertrauen. Seien Sie positiver, und ergreifen Sie Ihre Chancen.

7 Sie sind sehr launenhaft. Passen Sie auf, daß Sie damit Ihr Glück nicht zerstören.

8 Sie werden kaum ernsthafte Sorgen haben. Sie sind selbstsicher, kompetent und vermutlich erfolgreich.

9 Sie besitzen ungeheure Energien, könnten aber versagen, wenn Sie keine Prioritäten setzen.

10 Sie sind äußerst ausgeglichen, offen, kompetent und immer bereit, auf andere zu hören.

11 Ihr Selbstvertrauen kann zu einer Barriere für andere werden. Sie sollten aber Glück im Geschäftsleben haben.

12 Sie sind sehr sensibel. Versuchen Sie Situationen immer positiv und realistisch zu beurteilen.

*Einige Jahre enthalten Doppelmonate:

1911: 6. Monat	1947: 2. Monat
26. Juni - 25. Juli	21. Feb. - 22. März
26. Juli - 23. Aug.	23. März - 20. April
1971: 5. Monat	1995: 8. Monat
24. Mai - 22. Juni	26. Aug. - 24. Sept.
23. Juni - 21. Juli	25. Sept. - 23. Okt.

1911	
30. Jan. - 28. Feb.	1
1. März - 29. März	2
30. März - 28. April	3
29. April - 27. Mai	4
28. Mai - 25. Juni	5
*Siehe Kasten »Doppelmonate«	6
24. Aug. - 21. Sept.	7
22. Sept. - 21. Okt.	8
22. Okt. - 20. Nov.	9
21. Nov. - 19. Dez.	10
20. Dez. - 18. Jan. 1912	11
19. Jan. - 17. Feb.	12

1923	
16. Feb. - 16. March	1
17. März - 15. April	2
16. April - 15. Mai	3
16. Mai - 13. Juni	4
14. Juni - 13. Juli	5
14. Juli - 11. Aug.	6
12. Aug. - 10. Sept.	7
11. Sept. - 9. Okt.	8
10. Okt. - 7. Nov.	9
8. Nov. - 7. Dez.	10
8. Dez. - 5. Jan. 1924	11
6. Jan. - 4. Feb.	12

1935	
4. Feb. - 4. März	1
5. März - 2. April	2
3. April - 2. Mai	3
3. Mai - 31. Mai	4
1. Juni - 30. Juni	5
1. Juli - 29. Juli	6
30. Juli - 28. Aug.	7
29. Aug. - 27. Sept.	8
28. Sept. - 26. Okt.	9
27. Okt. - 25. Nov.	10
26. Nov. - 25. Dez.	11
26. Dez. - 23. Jan. 1936	12

1947	
22. Jan. - 20. Feb.	1
*Siehe Kasten »Doppelmonate«	2
21. April - 19. Mai	3
20. Mai - 18. Juni	4
19. Juni - 17. Juli	5
18. Juli - 15. Aug.	6
16. Aug. - 14. Sept.	7
15. Sept. - 13. Okt.	8
14. Okt. - 12. Nov.	9
13. Nov. - 11. Dez.	10
12. Dez. - 10. Jan. 1948	11
11. Jan. - 9. Feb.	12

1959	
8. Feb. - 8. März	1
9. März - 7. April	2
8. April - 7. Mai	3
8. Mai - 5. Juni	4
6. Juni - 5. Juli	5
6. Juli - 3. Aug.	6
4. Aug. - 2. Sept.	7
3. Sept. - 1. Okt.	8
2. Okt. - 31. Okt.	9
1. Nov. - 29. Nov.	10
30. Nov. - 29. Dez.	11
30. Dez. - 27. Jan. 1960	12

1971	
27. Jan. - 24. Feb.	1
25. Feb. - 26. März	2
27. März - 24. April	3
25. April - 23. Mai	4
*Siehe Kasten »Doppelmonate«	5
22. Juli - 20. Aug.	6
21. Aug. - 18. Sept.	7
19. Sept. - 18. Okt.	8
19. Okt. - 17. Nov.	9
18. Nov. - 17. Dez.	10
18. Dez. - 15. Jan. 1972	11
16. Jan. - 14. Feb.	12

1983	
13. Feb. - 14. März	1
15. März - 12. April	2
13. April - 12. Mai	3
13. Mai - 10. Juni	4
11. Juni - 9. Juli	5
10. Juli - 8. Aug.	6
9. Aug. - 6. Sept.	7
7. Sept. - 5. Okt.	8
6. Okt. - 4. Nov.	9
5. Nov. - 3. Dez.	10
4. Dez. - 2. Jan. 1984	11
3. Jan. - 1. Feb.	12

1995	
31. Jan. - 28. Feb.	1
1. März - 30. März	2
31. März - 29. April	3
30. April - 28. Mai	4
29. Mai - 27. Juni	5
28. Juni - 26. Juli	6
27. Juli - 25. Aug.	7
*Siehe Kasten »Doppelmonate«	8
24. Okt. - 21. Nov.	9
22. Nov. - 21. Dez.	10
22. Dez. - 19. Jan. 1996	11
20. Jan. - 18. Feb.	12

2007	
18. Feb. - 18. März	1
19. März - 16. April	2
17. April - 16. Mai	3
17. Mai - 14. Juni	4
15. Juni - 13. Juli	5
14. Juli - 12. Aug.	6
13. Aug. - 10. Sept.	7
11. Sept. - 10. Okt.	8
11. Okt. - 9. Nov.	9
10. Nov. - 9. Dez.	10
10. Dez. - 7. Jan. 2008	11
8. Jan. - 6. Feb.	12

Ihr chinesischer Geburtstag

Zunächst stellen Sie mit Hilfe der Tabelle auf Seite 37 den Beginn Ihres chinesischen Geburtsmonats fest, dann errechnen Sie anhand der hier abgebildeten Tabelle Ihren Geburtstag.

Wenn Sie am 5. Mai 1959 geboren wurden, fällt Ihr Geburtstag in den chinesischen Monat, der am 8. April beginnt. Suchen Sie in der Tabelle unten die 8. Zählen Sie von hier die Tage bis zu Ihrem Geburtstag. Bedenken Sie, daß nicht alle Monate 31 Tage haben. In unserem Beispiel sind Sie am 28. Tag des chinesischen Monats geboren. Sind Sie in einem Doppelmonat geboren, zählen Sie einfach die Tage vom ersten Tag Ihres Geburtsmonats.

1	2	3	4	5	6	7
8	9	10	11	12	13	14
15	16	17	18	19	20	21
22	23	24	25	26	27	28
29	30	31				

1., 10., 19. oder 28. Tag
Sie sind zuverlässig und verlangen viel von sich und anderen, neigen aber zu übertriebener Eile. Lassen Sie Vorsicht walten, und denken Sie nicht nur an sich. Vielleicht kommen Sie unverhofft zu Geld, trotzdem sollten Sie gut haushalten. Beruflich stehen Sie gern in der Öffentlichkeit.

2., 11., 20. oder 29. Tag
Sie sind aufrichtig und allgemein beliebt. Obwohl Sie Ruhe lieben, brauchen Sie den Umgang mit Menschen. Sie können das Leben genießen und machen das Beste daraus. Ihnen steht eine literarische oder künstlerische Karriere offen.

3., 12., 21. oder 30. Tag
Sie besitzen eine rasche Auffassungsgabe, gelten aber als schwierig, was manche Leute abschreckt. Sie sind sehr diszipliniert, kämpfen für die Wahrheit und können sich in allen Berufen mit Wettbewerbscharakter profilieren.

4., 13., 22. oder 31. Tag

Sie sind sehr warmherzig, wirken aber oft reserviert und unnahbar. Wenn Sie mehr aus sich herausgehen und kontaktfreudiger werden, können Sie bald neue Freunde gewinnen. Ihre ruhige, geduldige Art prädestiniert Sie für eine Karriere als Akademiker oder Wissenschaftler.

5., 14. oder 23. Tag

Ihre hitzköpfige Art und Ihre Sturheit hindern Sie oft daran, auf die Vorschläge oder Meinungen anderer einzugehen. Das führt nicht selten zu Streitereien und Problemen. In Geldangelegenheiten haben Sie eine glückliche Hand, nicht selten investieren Sie Ihre Gewinne in neue Projekte. Mit Ihrer angeborenen Intelligenz sind Sie auch hohen beruflichen Anforderungen gewachsen.

6., 15. oder 24. Tag

Sie haben ein offenes, heiteres Wesen und sind seelisch gefestigt. Ihr reiches Gefühlsleben fördert die Neigung zu Tagträumen. Das schafft gelegentlich Verwirrung, und Ihre Hilfsbereitschaft wird leicht durch Unentschlossenheit gelähmt. Obwohl Ihnen großer Reichtum versagt bleibt, haben Sie immer genug zum Leben.

7., 16. oder 25. Tag

Gegen ein wenig Aufregung haben Sie nichts einzuwenden, aber Sie müssen lernen, realistischer und disziplinierter zu sein. Auch als geborener Entertainer, dem kaum etwas verübelt wird, sollten Sie sich hüten, Ihre Freunde vor den Kopf zu stoßen. Im Beruf ist Ihnen Reisen wichtiger als die Höhe des Gehalts oder ein hoher Lebensstandard.

8., 17. oder 26. Tag

Sie besitzen ein gutes Urteilsvermögen, sollten aber nicht überstürzt handeln. Gelegentlich mangelt es Ihnen an Taktgefühl und Einfühlungsvermögen: Bemühen Sie sich, mehr auf andere einzugehen. Sie lernen Armut, aber auch Reichtum kennen. Ihr Unabhängigkeitsstreben, Ihre Ruhe und Entschlossenheit qualifizieren Sie für einen freien Beruf.

9., 18. oder 27. Tag

Sie sind mit Glück, Optimismus und Warmherzigkeit gesegnet. In Ihrem Tatendrang lassen Sie sich nicht von trivialen Problemen bremsen. Gelegentlich suchen Sie unnötig Streit. Bemühen Sie sich also, Ihre Launen zu mäßigen. Am besten machen Sie sich als Chef Ihrer eigenen Firma selbständig.

Ihre chinesische Geburtsstunde

Eine chinesische Stunde entspricht zwei Stunden westlicher Zeit. Jeder Doppelstunde wird eines der zwölf Tierkreiszeichen zugeordnet.

23.00–1.00 Uhr: Ratte

Sie sind unabhängig und haben ein hitziges Temperament. Überlegen Sie sorgfältig, was Sie sagen. Ihre Sparsamkeit ist im Geschäftsleben ebenso nützlich wie im Haushalt. Sie helfen gern Ihren Freunden, und diese werden es Ihnen danken.

1.00–3.00 Uhr: Büffel

Bis zum Alter von 20 Jahren könnte Ihr Leben schwierig verlaufen, aber nach dieser harten Anfangsphase haben Sie mehr Glück. Im Berufsleben sollten Sie bereit sein, Wagnisse einzugehen, wenn Sie Ihr Ziel erreichen wollen. Im Alter ist Ihnen Wohlstand beschieden.

3.00–5.00 Uhr: Tiger

Sie sind lebhaft und kreativ, was in jungen Jahren zu Familienstreitigkeiten führen kann. Zwischen dem zwanzigsten und vierzigsten Lebensjahr können Probleme auftreten. Doch danach wird sich das Glück wieder zu Ihrem Vorteil wenden.

5.00–7.00 Uhr: Hase

Ihre Eltern stehen zu Ihnen, aber mit den Geschwistern kann es zu Rivalitäten kommen. Vielleicht müssen Sie, um beruflich voranzukommen, in eine andere Stadt ziehen, fern von Freunden und Familie. Feste Beziehungen entwickeln sich langsam. Ab der Lebensmitte kommen Sie mit Ihren Mitmenschen viel besser aus.

7.00–9.00 Uhr: Drache

Sie sind aufgeweckt, entschlußfreudig und ziehen andere Menschen an. Obwohl Sie mitten im Leben stehen, fühlen Sie sich manchmal einsam. Ihr übersteigertes Selbstbewußtsein könnte sich ungünstig auf Ihre Beziehungen auswirken. Sie erreichen einen hohen Lebensstandard.

9.00–11.00 Uhr: Schlange

Mit Ihrem Talent fürs Geschäftsleben fällt es Ihnen leicht, Karriere zu machen und Ihre Familie zu ernähren. Sie sind überaus großzügig und helfen bereitwillig Ihren in Not geratenen Freunden. Achten Sie darauf, daß Unstimmigkeiten innerhalb der Familie immer schnell bereinigt werden.

11.00–13.00 Uhr: Pferd

Sie sind aktiv, klug und hartnäckig. Schlagen Sie gute Ratschläge nicht in den Wind. Sie reisen gern und lieben Abwechslung. Ein allzu extravagantes Leben könnte Sie jedoch in finanzielle Schwierigkeiten bringen.

13.00–15.00 Uhr: Ziege

Aufgrund Ihrer großen Aktivität fällt es Ihnen schwer, stabile Beziehungen zu Angehörigen, Freunden und Partnern aufzubauen. Trotz Ihrer Intelligenz dürfen Sie anderen nicht Ihre Meinung aufzwingen. In mittleren Jahren macht sich das Glück etwas rar.

15.00–17.00 Uhr: Affe

Sie geben das Geld ebenso schnell aus, wie Sie es verdienen. Sie haben eine große Anziehungskraft, aber Sie können auch Enttäuschungen bereiten. Vielleicht haben Sie von Ihren Eltern nicht genug Unterstützung erhalten. Ihre Partnerschaft ist in der Regel gut. Versuchen Sie, eventuelle Probleme möglichst schnell zu lösen.

17.00–19.00 Uhr: Hahn

Als Jugendlicher haben Sie oft Streit mit Ihrer Familie. Manchmal entsteht dadurch eine tiefe Kluft, die sich jedoch mit der Zeit sicher wieder schließen läßt. Sie sind zuverlässig, freundlich und warmherzig und würden nie absichtlich jemanden verletzen.

19.00–21.00 Uhr: Hund

Mit Ihrem Mut, Können und Fleiß sind Sie der ideale Freiberufler, und Sie werden vermutlich eine vielversprechende Karriere machen. Allerdings sollten Sie sich vor Ungeduld und Eitelkeit hüten. Lebensqualität wird Ihnen immer wichtiger sein als finanzielles Vermögen.

21.00–23.00 Uhr: Schwein

Ihre besondere Begabung liegt im Handwerklichen, und Sie stellen an sich selbst immer die höchsten Anforderungen. Trotz Ihrer Warmherzigkeit beschränkt sich Ihr Freundeskreis auf wenige Menschen. Wer Ihnen nahesteht, genießt jedoch Ihr uneingeschränktes Vertrauen. Sie sind leicht in Rage zu bringen, vergeben und vergessen aber auch schnell.

Ihr Schicksal im Lauf der Jahre

Nicht in jedem Jahr des Tierkreises geht es dem Schwein gleich gut. Sie sollten sich auf die positiven Aspekte konzentrieren und dem scheinbar Negativen mit Vorsicht begegnen.

Jahr der Ratte

Obwohl im Berufsleben immer wieder Schwierigkeiten und Probleme auftreten können, ist das Schwein im Jahr der Ratte mit Glück gesegnet. Folglich werden sich alle Ihre Probleme in Luft auflösen, ohne daß Sie viel dafür tun müssen.

Jahr des Büffels

Sie werden in diesem Jahr vermutlich eine Menge Spaß haben und viel unternehmen. Finanziell wird das allerdings eine große Belastung sein und auch beträchtliche Reibereien mit anderen Menschen nach sich ziehen. Seien Sie etwas vorsichtiger.

Jahr des Tigers

Zunächst scheint dieses Jahr eine Fortsetzung des exzessiven letzten Jahres zu sein. Aber der Hauptunterschied ist, daß Sie gelernt haben, mit Geld besser umzugehen. Finanziell kommen Sie gut über die Runden.

Jahr des Hasen

Im Jahr des Hasen haben Sie im Gesellschafts- und Berufsleben beträchtlichen Erfolg. Andere Menschen werden versuchen, Ihnen so nahe wie möglich zu sein in der Hoffnung, daß sich Ihr Erfolg auf sie überträgt. Lassen Sie sich davon nicht stören.

Jahr des Drachen

Bis jetzt unentdeckte Führungsqualitäten werden in diesem Jahr ans Licht kommen. Diese besonders wertvollen Talente sollten voll entwickelt werden, da Sie damit Ihr Leben viel besser in den Griff bekommen und Ihr Selbstvertrauen wächst.

Jahr der Schlange

Das ist ein gemischtes Jahr, in dem Sie sowohl Erfolg als auch Mißerfolg ernten werden. Das Jahr der Schlange kündigt sich mit einem hübschen Gewinn an. Danach werden Sie Ihr Geld allerdings für viele unsinnige Dinge ausgeben.

Jahr des Pferdes

Sie werden sich vermutlich ärgern, die Möglichkeiten des letzten Jahres nicht voll ausgeschöpft zu haben. Anstatt der Vergangenheit nachzutrauern, sollten Sie Ihre Energien aber lieber für dieses schwere Jahr einsetzen.

Jahr der Ziege

Beruflich werden Sie in diesem Jahr viel Erfolg haben und vielleicht sogar befördert werden. Aber lassen Sie sich dadurch nicht den Kopf verdrehen, da Sie im Jahr der Ziege auch persönliche Schicksalsschläge erwarten, die Sie überstehen müssen.

Jahr des Affen

Obwohl das Jahr des Affen Ihnen großen Reichtum bescheren kann – vergessen Sie nicht, daß Geld allein nicht glücklich macht. Wenn Sie es aber wohlbedacht ausgeben, werden Sie viel Gutes erreichen und davon profitieren.

Jahr des Hahns

All Ihre Anstrengungen scheinen in diesem Jahr sinnlos. Aber lassen Sie deshalb nicht den Kopf hängen, da Sie sonst von Wichtigem abgelenkt werden. Wenn Sie ruhig bleiben, wird alles besser.

Jahr des Hundes

In diesem seltsamen Jahr wird nichts so verlaufen, wie Sie es erwarten. Die merkwürdigen Erfahrungen im Jahr des Hundes können Ihr langfristiges Glück aber nicht nachhaltig stören. Im nachhinein betrachtet werden Sie mit diesem Jahr zufrieden sein.

Jahr des Schweins

Es wäre unklug, zu viele Pläne oder Hoffnungen an dieses Jahr zu knüpfen, da es höchst instabil ist. Deshalb wird es das Beste sein, die Erwartungen zurückzuschrauben und im Jahr des Schweins auf kommende, bessere Zeiten zu warten.

Ihr chinesisches Geburtsjahr

Ihr Tierkreiszeichen richtet sich nach Ihrem chinesischen Geburtsjahr. Dieses ist der wichtigste Schlüssel zum chinesischen Horoskop.

In der linken Spalte der Tabelle ist Ihr Geburtsjahr nach dem westlichen Kalender verzeichnet. In der rechten Spalte derselben Zeile finden Sie Ihr chinesisches Tierkreiszeichen. Achten Sie jedoch auf den Jahresbeginn in der mittleren Spalte der Tabelle, wenn Sie in den ersten Monaten des Jahres geboren sind.

Beispiel: Sie sind 1972 geboren, vermutlich also im Jahr der Ratte; liegt Ihr Geburtstag jedoch vor dem 15. Februar, gehören Sie in das Jahr des Schweins.

1900	31. Jan. – 18. Feb. 1901	Ratte
1901	19. Feb. – 7. Feb. 1902	Büffel
1902	8. Feb. – 28. Jan. 1903	Tiger
1903	29. Jan. – 15. Feb. 1904	Hase
1904	16. Feb. – 3. Feb. 1905	Drache
1905	4. Feb. – 24. Jan. 1906	Schlange
1906	25. Jan. – 12. Feb. 1907	Pferd
1907	13. Feb. – 1. Feb. 1908	Ziege
1908	2. Feb. – 21. Jan. 1909	Affe
1909	22. Jan. – 9. Feb. 1910	Hahn
1910	10. Feb. – 29. Jan. 1911	Hund
1911	30. Jan. – 17. Feb. 1912	Schwein
1912	18. Feb. – 5. Feb. 1913	Ratte
1913	6. Feb. – 25. Jan. 1914	Büffel
1914	26. Jan. – 13. Feb. 1915	Tiger
1915	14. Feb. – 2. Feb. 1916	Hase
1916	3. Feb. – 22. Jan. 1917	Drache

1917	23. Jan. – 10. Feb. 1918	Schlange
1918	11. Feb. – 31. Jan. 1919	Pferd
1919	1. Feb. – 19. Feb. 1920	Ziege
1920	20. Feb. – 7. Feb. 1921	Affe
1921	8. Feb. – 27. Jan. 1922	Hahn
1922	28. Jan. – 15. Feb. 1923	Hund
1923	16. Feb. – 4. Feb. 1924	Schwein
1924	5. Feb. – 23. Jan. 1925	Ratte
1925	24. Jan. – 12. Feb. 1926	Büffel
1926	13. Feb. – 1. Feb. 1927	Tiger
1927	2. Feb. – 22. Jan. 1928	Hase
1928	23. Jan. – 9. Feb. 1929	Drache
1929	10. Feb. – 29. Jan. 1930	Schlange
1930	30. Jan. – 16. Feb. 1931	Pferd
1931	17. Feb. – 5. Feb. 1932	Ziege
1932	6. Feb. – 25. Jan. 1933	Affe
1933	26. Jan. – 13. Feb. 1934	Hahn

1934	14. Feb. - 3. Feb. 1935	Hund
1935	4. Feb. - 23. Jan. 1936	Schwein
1936	24. Jan. - 10. Feb. 1937	Ratte
1937	11. Feb. - 30. Jan. 1938	Büffel
1938	31. Jan. - 18. Feb. 1939	Tiger
1939	19. Feb. - 7. Feb. 1940	Hase
1940	8. Feb. - 26. Jan. 1941	Drache
1941	27. Jan. - 14. Feb. 1942	Schlange
1942	15. Feb. - 4. Feb. 1943	Pferd
1943	5. Feb. - 24. Jan. 1944	Ziege
1944	24. Jan. - 12. Feb. 1945	Affe
1945	13. Feb. - 1. Feb. 1946	Hahn
1946	2. Feb. - 21. Jan. 1947	Hund
1947	22. Jan. - 9. Feb. 1948	Schwein
1948	10. Feb. - 28. Jan. 1949	Ratte
1949	29. Jan. - 16. Feb. 1950	Büffel
1950	17. Feb. - 5. Feb. 1951	Tiger
1951	6. Feb. - 26. Jan. 1952	Hase
1952	27. Jan. - 13. Feb. 1953	Drache
1953	14. Feb. - 2. Feb. 1954	Schlange
1954	3. Feb. - 23. Jan. 1955	Pferd
1955	24. Jan. - 11. Feb. 1956	Ziege
1956	12. Feb. - 30. Jan. 1957	Affe
1957	31. Jan. - 17. Feb. 1958	Hahn
1958	18. Feb. - 7. Feb. 1959	Hund
1959	8. Feb. - 27. Jan. 1960	Schwein
1960	28. Jan. - 14. Feb. 1961	Ratte
1961	15. Feb. - 4. Feb. 1962	Büffel
1962	5. Feb. - 24. Jan. 1963	Tiger
1963	25. Jan. - 12. Feb. 1964	Hase
1964	13. Feb. - 1. Feb. 1965	Drache
1965	2. Feb. - 20. Jan. 1966	Schlange
1966	21. Jan. - 8. Feb. 1967	Pferd
1967	9. Feb. - 29. Jan. 1968	Ziege
1968	30. Jan. - 16. Feb. 1969	Affe
1969	17. Feb. - 5. Feb. 1970	Hahn
1970	6. Feb. - 26. Jan. 1971	Hund

1971	27. Jan. - 14. Feb. 1972	Schwein
1972	15. Feb. - 2. Feb. 1973	Ratte
1973	3. Feb. - 22. Jan. 1974	Büffel
1974	23. Jan. - 10. Feb. 1975	Tiger
1975	11. Feb. - 30. Jan. 1976	Hase
1976	31. Jan. - 17. Feb. 1977	Drache
1977	18. Feb. - 6. Feb. 1978	Schlange
1978	7. Feb. - 27. Jan. 1979	Pferd
1979	28. Jan. - 15. Feb. 1980	Ziege
1980	16. Feb. - 4. Feb. 1981	Affe
1981	5. Feb. - 24. Jan. 1982	Hahn
1982	25. Jan. - 12. Feb. 1983	Hund
1983	13. Feb. - 1. Feb. 1984	Schwein
1984	2. Feb. - 19. Feb. 1985	Ratte
1985	20. Feb. - 8. Feb. 1986	Büffel
1986	9. Feb. - 28. Jan. 1987	Tiger
1987	29. Jan. - 16. Feb. 1988	Hase
1988	17. Feb. - 5. Feb. 1989	Drache
1989	6. Feb. - 26. Jan. 1990	Schlange
1990	27. Jan. - 14. Feb. 1991	Pferd
1991	15. Feb. - 3. Feb. 1992	Ziege
1992	4. Feb. - 22. Jan. 1993	Affe
1993	23. Jan. - 9. Feb. 1994	Hahn
1994	10. Feb. - 30. Jan. 1995	Hund
1995	31. Jan. - 18. Feb. 1996	Schwein
1996	19. Feb. - 6. Feb. 1997	Ratte
1997	7. Feb. - 27. Jan. 1998	Büffel
1998	28. Jan. - 15. Feb. 1999	Tiger
1999	16. Feb. - 4. Feb. 2000	Hase
2000	5. Feb. - 23. Jan. 2001	Drache
2001	24. Jan. - 11. Feb. 2002	Schlange
2002	12. Feb. - 31. Jan. 2003	Pferd
2003	1. Feb. - 21. Jan. 2004	Ziege
2004	22. Jan. - 8. Feb. 2005	Affe
2005	9. Feb. - 28. Jan. 2006	Hahn
2006	29. Jan. - 17. Feb. 2007	Hund
2007	18. Feb. - 6. Feb. 2008	Schwein